Inhalt

Das gibt es alles zu entdecken!

Entdecke die Erde!

Riesige Wasserflächen und ausgedehnte Wälder bedecken die Oberfläche unseres Planeten.

HIER IST WAS LOS!
Es wimmelt von Leben und ist feucht und warm. Der Geruch von Erde und Pflanzen hängt in der Luft. Wasser tropft von den Blättern, und die Vögel sind unglaublich laut. Du bist im Amazonas-Regenwald. Kein Regenwald ist größer und in keinem leben mehr Tier- und Pflanzenarten. Mitten hindurch schlängelt sich der Amazonas, der zweitlängste Fluss der Welt.

Länger, tiefer, größer!

Die Erde hat lauter Rekorde zu bieten: Der Nil in Afrika ist mit rund 6 650 Kilometern der längste Fluss der Welt. Den tiefsten See, den Baikalsee, findest du in Russland. Bis auf den Grund in ungefähr 1 600 Metern Tiefe sind schon einige U-Boote getaucht. Und wenn du die größte Insel der Welt besuchen möchtest, reise nach Grönland im Nordatlantik. Sie ist so groß, dass Deutschland ungefähr sechsmal hineinpassen würde.

Einzigartig

Ein Planet voller Leben

Acht Planeten kreisen um die Sonne, doch nur auf einem gibt es Leben: auf der Erde. Sie ist die Heimat unterschiedlichster Lebensformen und natürlich auch von uns Menschen.

ZWISCHEN LAND UND MEER
Mangroven wachsen in Salzwasser. Zwischen ihren langen Wurzeln finden viele Tiere Schutz.

Warum gibt es Leben auf der Erde?

Die Entfernung der Erde zur Sonne ist genau richtig. Es gibt hier genügend flüssiges Wasser, ohne das es kein Leben geben kann. Wäre die Erde näher an der Sonne oder weiter von ihr weg, würde alles Wasser verdampfen oder gefrieren. Außerdem sind die meisten Orte auf der Erde nicht ständiger Kälte oder Hitze ausgesetzt. Und die Atmosphäre, die du dir wie eine dünne Hülle um die Erde vorstellen kannst, schützt uns vor der Kälte des Weltraums und enthält den für uns lebenswichtigen Sauerstoff.

Wie ist das Leben entstanden?

Es begann vor 3,5 Milliarden Jahren in den Tiefen des Urozeans. Die ersten Lebewesen waren winzig und bestanden nur aus einer einzigen Zelle. Nach und nach entwickelten sich daraus mehrzellige Lebensformen. Einige von ihnen, wie Schwämme und Korallen, gibt es heute noch. Die Vielfalt der Tiere und Pflanzen im Wasser wurde immer größer. An Land war zunächst noch nichts los. Erst mit der Zeit besiedelten Pflanzen und Tiere das Land, sodass sich auch dort das Leben weiterentwickelte.

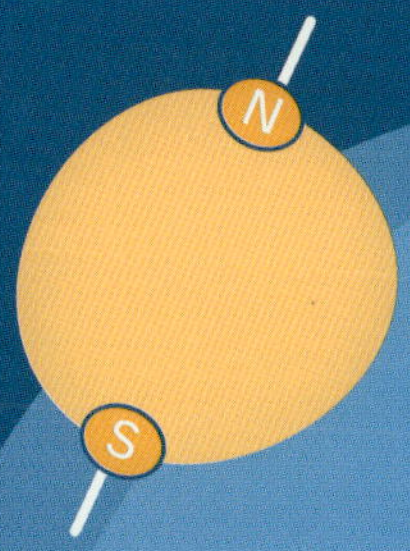

Erde in Bewegung

Die Erde dreht sich nicht nur um die Sonne, sondern rotiert auch um eine gedachte Achse, die durch den Nord- und den Südpol verläuft. An diesen geografischen Polen ist die Erde flacher, in der Mitte ist sie breiter. Außerdem hat die Erdoberfläche viele Beulen und Dellen. Die Erde ist also nicht rund wie ein Ball, sondern ähnelt eher einer Kartoffel.

Rund um die Erde

Die Klimazonen unseres Planeten

Sag mal …

Victor, 10 Jahre

»Was ist Klima?«

»Klima nennt man das Wetter in einer Region über einen längeren Zeitraum von mindestens 30 Jahren.«

Es gibt Regionen, in denen ist es meist kalt, in anderen ist es sehr warm. Welches Klima in einer Gegend herrscht, hängt davon ab, wo auf der Erdkugel sie sich befindet. In der Nähe des Äquators ist die Sonneneinstrahlung höher. Deshalb ist es dort wärmer als an den Polen, die weniger Sonne abbekommen.

Wie viele Jahreszeiten gibt es?

Du kennst bestimmt vier Jahreszeiten: Frühling, Sommer, Herbst und Winter. Es gibt aber auch Regionen mit nur zwei Jahreszeiten: In den Tropen und Subtropen wechseln sich Regenzeit und Trockenzeit ab. In den Polarregionen gibt es nur Sommer und Winter.

Subpolare Zone
Sie grenzt an die Polarzonen. Im Durchschnitt liegt die Temperatur um den Gefrierpunkt. Es regnet oder schneit nur selten. Hier wachsen keine Bäume, nur niedrige Sträucher und Gräser.

Super Fakten

❶ ***Die höchste Temperatur …***
… der Erde wurde im Death Valley (Tal des Todes) in den USA gemessen: **56,7 Grad Celsius!**

❷ ***Die tiefste Temperatur …***
… betrug **minus 89,2 Grad Celsius**. Sie wurde in der Antarktis gemessen.

Gemäßigte Zone
Es gibt vier Jahreszeiten und große Wälder. Niederschlag fällt das ganze Jahr über, meist als Regen, im Winter manchmal als Schnee. Europa liegt zum Teil in dieser Zone.

Polare Zone
Arktis und Antarktis liegen hier. Der Boden ist fast das ganze Jahr gefroren. Es wachsen kaum Pflanzen. Moose und Flechten sind daran angepasst, die Kälte zu überstehen.

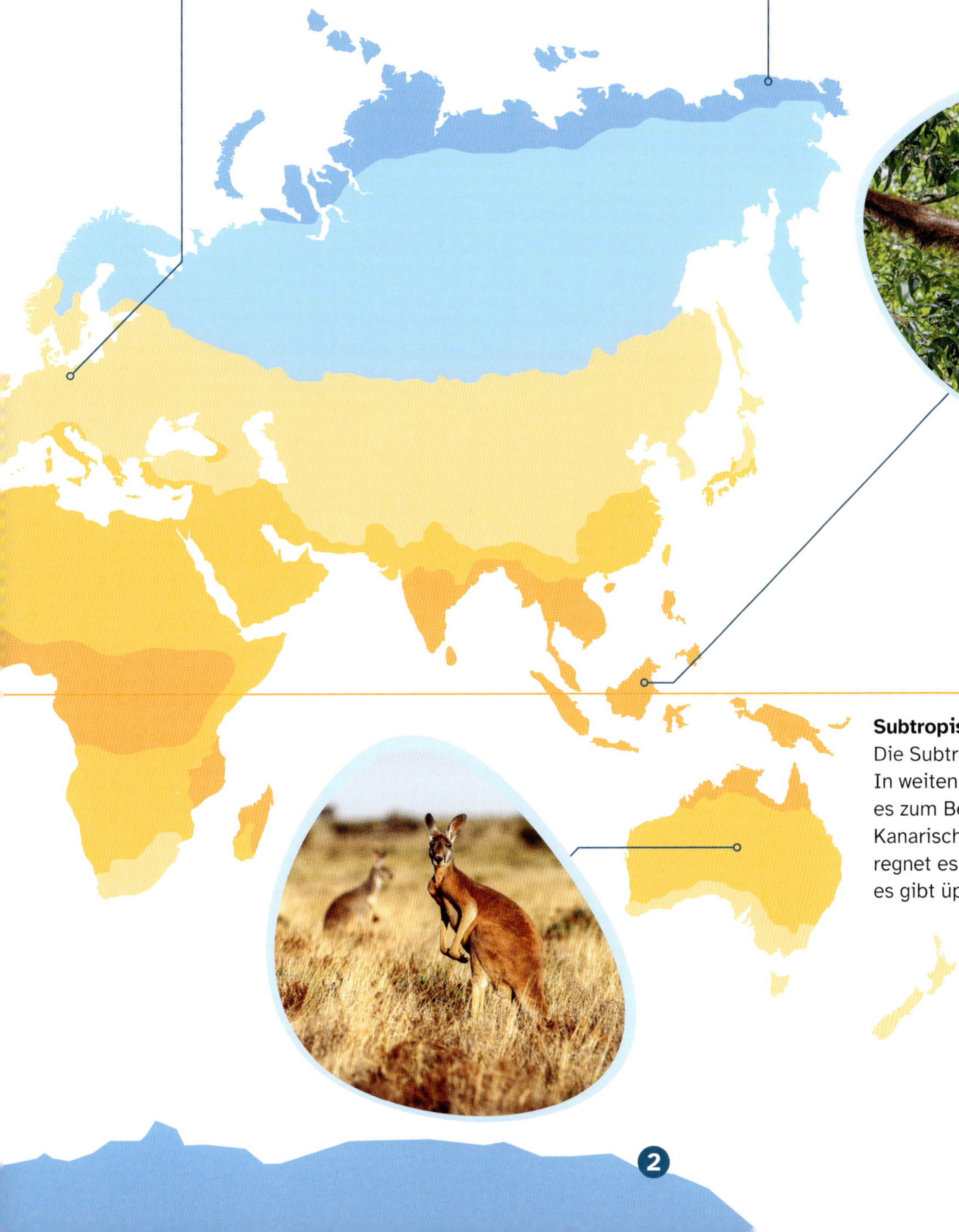

Tropische Zone
Sie ist die heißeste Zone der Erde. Es regnet sehr häufig, und es ist immer sehr warm. In den Regenwäldern dieser Region leben besonders viele Tier- und Pflanzenarten.

Subtropische Zone
Die Subtropen sind sehr vielfältig. In weiten Teilen Australiens ist es zum Beispiel trocken. Auf den Kanarischen Inseln vor Nordafrika regnet es dagegen regelmäßig, und es gibt üppige Wälder.

Das ist extrem

Die lebensfeindlichsten Regionen

In manchen Regionen der Erde können nur wahre Spezialisten überleben – denn dort sind die Lebensbedingungen ganz schön extrem. Diese schwierigen Verhältnisse überstehen Pflanzen und Tiere nur, weil sie sich im Laufe der Zeit perfekt an diese Orte angepasst haben.

Sag mal …

Amira, 8 Jahre

»Was ist Niederschlag?«

»Niederschlag kannst du sehen. Regen, Schnee und Hagel zählen dazu.«

Extrem hoch – extrem tief

Die gelbrümpfige Blattohrmaus ist das am höchsten lebende Säugetier. Sie kommt in den Anden, einem Gebirge in Südamerika, bis in einer Höhe von 6700 Metern vor. Hier wächst fast nichts und es ist bitterkalt. Aber nicht nur in großer Höhe gibt es Leben. Im Marianengraben, der tiefsten Stelle der Welt, geht es fast elf Kilometer hinab in die Tiefsee. Tiere, die nicht an den hohen Wasserdruck angepasst sind, würden einfach zerquetscht werden. Bei Tauchfahrten stießen Forschende aber auf Kammerlinge, winzige Lebewesen.

Extrem kalt – extrem heiß

Kaiserpinguine lieben die Kälte. Sie brüten in der Antarktis bei durchschnittlich minus 60 Grad Celsius. Die Männchen balancieren das Ei auf ihren Füßen, damit es nicht mit dem Eis in Berührung kommt. Bis das Küken schlüpft, wärmen sie das Ei in ihrer Bauchfalte. Extrem hohe Temperaturen herrschen dagegen in den Sandwüsten Nordafrikas, wo der Wüstenfuchs lebt. Seine Sohlen sind dicht behaart und schützen ihn so vor dem heißen Wüstensand. Über seine riesigen Ohren gibt er Körperwärme an die Umgebung ab.

Alles zu laut?

Wünschst du dir manchmal, dass es ruhig ist, so richtig still? Die Erhebung Ridge A in der Antarktis gilt als der stillste Ort der Welt. Zu hören ist nichts, kein Schneefall, kein Wind. Allerdings ist Ridge A nur sehr schwer zu erreichen. In der Antarktis angekommen, müsstest du sehr lange mit dem Schneemobil fahren. Vielleicht doch ein bisschen weit, um einfach mal seine Ruhe zu haben.

FRESSEN, WAS KOMMT

Viel zu fressen gibt es in der Wüste Lut im Iran nicht. Spinnengeckos überleben dort nur, weil sich immer wieder Insekten aus Nachbargebieten hierher verirren: leckere Beute für die Geckos.

TIEFSEEMONSTER
In der lichtlosen Tiefsee leben ungewöhnliche Tiere wie dieser Viperfisch. Sie halten enormem Wasserdruck stand.

Extrem trocken – extrem nass

Die Atacama-Wüste in Chile ist eine der trockensten Wüsten der Erde. Einige Pflanzensamen können der Dürre aber trotzen. Sie ruhen im Boden und blühen auf, wenn es regnet. Über zu wenig Wasser können sich Moorbewohner hingegen nicht beklagen. Hier ist der Boden immer nass und enthält nur wenige Nährstoffe. Die Moosbeere verbindet sich mit Pilzen, die ganz lange Wurzeln haben. So kann sie Nährstoffe aus Bereichen aufnehmen, an die sie selbst nicht kommt.

Anpassung ist alles

In allen Lebensräumen sind Tiere und Pflanzen an ihre Umgebung angepasst: Tintenfische zum Beispiel haben riesige Augen, mit denen sie in der dunklen Tiefsee ihre Feinde schon von Weitem entdecken können. Das Wandelnde Blatt, eine Insektenart, verschmilzt so gut mit seiner Umwelt, dass seine Fressfeinde es übersehen – meistens zumindest. Und Eukalyptus-Bäume können sogar Waldbrände überleben.

Super* Fakten

1 ***Brrr!***
Die Wassertemperatur in der Arktis liegt oft unter 0 Grad Celsius. Die Fische haben eine Art **Frostschutzmittel** im Blut, damit sie nicht einfrieren.

2 ***Hoch hinaus!***
In den Alpen blüht der Gegenblättrige Steinbrech auf einer Höhe von **4500 Metern**. Keine andere Blütenpflanze in Europa wächst höher.

3 ***Und noch heißer!***
Schwarze Raucher sind **heiße Quellen** in der Tiefsee. Hier überleben speziell angepasste Bakterien bei bis zu **130 Grad Celsius.**

So heiß war die Erde!

Aus einem Gas- und Staubhaufen im All wurde ein bewohnbarer Planet.

WIE AUS DEM NICHTS
Das Universum entstand vor fast 14 Milliarden Jahren. Vor etwa 4,6 Milliarden Jahren bildete sich unser Sonnensystem. Gigantische Gas- und Staubwolken verdichteten sich und formten mit Gesteinsbrocken die Erde. Ihr Boden war 180 Grad Celsius heiß. Es dauerte viele Hundert Millionen Jahre, bis die Oberfläche abkühlte und fest wurde.

Schau mal rein!

Ein Blick ins Erdinnere

Hast du dich schon mal gefragt, worauf du stoßen würdest, wenn du immer tiefer und tiefer in die Erde graben könntest?

Wie eine Zwiebel

Du würdest dich durch verschiedene Erdschichten buddeln, die wie die Schichten einer Zwiebel übereinanderliegen. Als die Erde abkühlte, trennten sich nämlich die Stoffe, aus denen sie besteht. Schwere Stoffe wie Metalle sanken zum Mittelpunkt der Erde und leichtere wie Gesteine lagerten sich darüber ab. Mit zunehmender Tiefe wird es immer heißer. Und auch der Druck steigt, weil die äußeren Schichten die inneren zusammendrücken.

Und ganz tief drin?

Bis zum Mittelpunkt sind es über 6 000 Kilometer. Das ist ungefähr so weit wie von Deutschland bis nach Indien. In der Mitte der Erde befindet sich der innere Erdkern.

Äußerer Erdkern
In rund 3 000 Kilometern Tiefe stößt du auf diese Schicht. Sie besteht aus geschmolzenem Metall und ist 5 000 Grad Celsius heiß. Das Metall bewegt sich und erzeugt dadurch elektrische Ströme. So entsteht das Magnetfeld der Erde.

Innerer Erdkern
Er wird von schweren Metallen wie Eisen und Nickel gebildet und ist 6 000 Grad Celsius heiß, also etwa so heiß wie die Oberfläche der Sonne. Durch den hohen Druck ist der innere Erdkern fest. Er dreht sich um sich selbst, aber von dieser Drehung bekommen wir nichts mit.

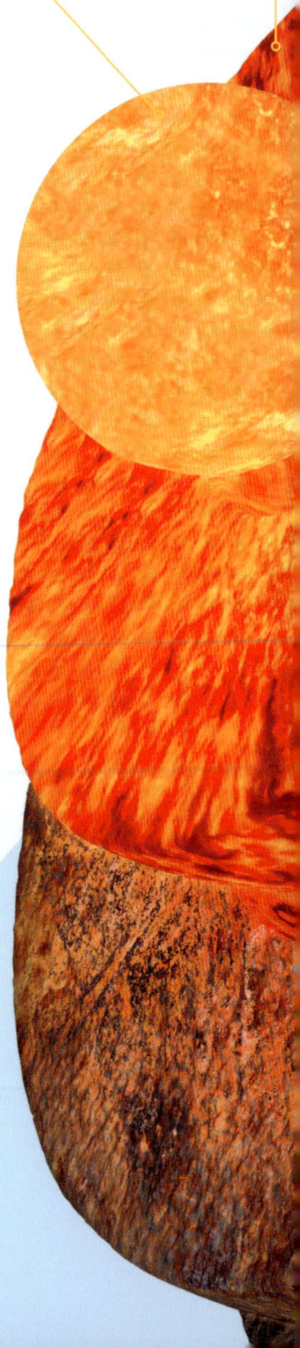

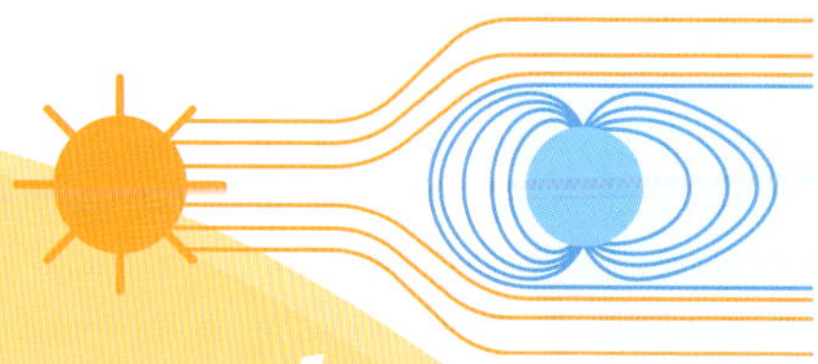

Die Erde ist ein Magnet

Dass sie magnetisch ist, kannst du sehen, wenn du einen Kompass benutzt: Die magnetische Kompassnadel richtet sich nach Norden aus. Umgeben wird die Erde von der Magnetosphäre. Wie ein Schutzschild leitet sie schädliche Strahlung aus dem Weltall ab.

SEISMISCHE WELLEN
Um herauszufinden, wie die Erde aufgebaut ist, wurden Erdbeben gemessen. Die Erdbebenwellen sind je nach Gestein, das sie durchlaufen, unterschiedlich schnell.

Unterer Erdmantel
Er beginnt in ungefähr 700 Kilometern Tiefe und ist bis zu 4 000 Grad Celsius heiß. Durch den hohen Druck der darüberliegenden Schichten wird das Gestein zusammengepresst. Deshalb ist es fest.

Oberer Erdmantel
Diese Schicht liegt unter der Erdkruste. Darin wird es über 1 000 Grad Celsius heiß. Sie besteht im oberen Bereich aus festem Gestein. Im unteren Bereich ist das Gestein zähflüssig.

Sag mal ...

Matthis, 9 Jahre

»Kann ich zum Erdkern bohren?«

»Dein Bohrer würde durch Druck und Hitze kaputtgehen. Die tiefste Bohrung war etwa 12 Kilometer tief, also für die Erde eher ein Kratzer.«

Erdkruste
Wir alle leben auf der Erdkruste. Sie ist die dünnste Schicht und nur 10 – 70 Kilometer dick.

Monster-maschinen

Schaufelradbagger sind die größten und schwersten Landmaschinen der Welt. Sie baggern pro Tag so viel Braunkohle aus wie 40 000 Arbeiter. Die Giganten sind über 200 Meter lang, rund 50 Meter breit und 100 Meter hoch.

Schätze der Erde

Tief graben

Bodenschätze sind in der oberen Erdkruste zu finden. Orte, an denen sie in großer Menge vorkommen, heißen Lagerstätten. Um Bodenschätze zu nutzen, müssen sie abgebaut werden. Aber was finden wir im Boden?

Was sind Bodenschätze?

Zu den Bodenschätzen zählen alle natürlichen Ablagerungen wie Mineralien, Metalle und fossile Rohstoffe wie Erdgas, Erdöl und Kohle. Auch Salze gehören dazu, und oft wird auch Wasser als Bodenschatz bezeichnet. Viele Bodenschätze werden in Bergwerken abgebaut und an die Oberfläche gebracht.

SCHÖN UND TEUER
Ungeschliffene Diamanten nennt man auch Rohdiamanten. In geschliffener Form werden sie oft in Schmuckstücke eingesetzt.

Wofür nutzen wir Bodenschätze?

Wir verwenden Erdöl und Erdgas zum Heizen und als Treibstoff. Kohle war vor allem in den letzten Jahrzehnten wichtig für die Stromerzeugung – aber es gibt auch viele Nachteile: Beim Abbau werden Lebensräume für Pflanzen und Tiere zerstört und bei der Verbrennung entstehen klimaschädliche Gase. Ein Großteil des Stroms in Deutschland wird deshalb schon heute aus erneuerbaren Energien gewonnen. Dabei wird Strom zum Beispiel durch Wind und Sonne erzeugt.

Können wir sie für immer nutzen?

Bodenschätze sind begrenzt. Wir brauchen sie aber für immer mehr elektronische Geräte wie Smartphones. Wusstest du, dass in diesen Geräten unter anderem Metalle wie Kupfer, Gold und Platin stecken? Davon gibt es aber nicht unendlich viel. Deshalb sollten wir unsere Geräte möglichst lange nutzen und so entsorgen, dass Teile davon wiederverwendet werden können.

Was sind Diamanten?

Diamanten sind die härtesten Bodenschätze. Sie entstehen unter hohem Druck und Hitze in mindestens 150 Kilometern Tiefe. Mit Vulkanausbrüchen kommen sie in höhere Gesteinsschichten. Weil sie so selten sind, sind sie sehr teuer.

Kalt und feucht

→ ***Es gibt viel zu tun!***
Sehr viele Höhlen hat wahrscheinlich noch nie ein Mensch betreten, aber auch die bekannten Höhlen sind nicht alle vollständig erforscht.

→ ***Tropfsteinhöhlen***
Sie entstehen in Regionen mit kalkhaltigen Böden. Das versickernde Regenwasser löst Kalk aus dem Boden und bleibt als Tropfen an der Decke hängen. Verdunstet das Wasser, bleibt etwas Kalk zurück. Mit der Zeit entstehen Tropfsteine.

→ ***Stalaktit oder Stalagmit?***
Tropfsteine, die von oben nach unten wachsen, heißen Stalaktit. Stalagmiten wachsen vom Boden aus in die Höhe.

ECHT BEEINDRUCKEND
Höhlenforscherin Sabrina Huber in der Gouffre des Ordons, einer Schachthöhle im französischen Jura. Hier wachsen riesige Stalagmiten in die Höhe.

Ab in die Tiefe!

Stalaktiten

Hier ist es kalt und dunkel. Der Boden ist rutschig, die Felswände sind an vielen Stellen glitschig. Tropfen fallen von der Decke.

Wie entsteht eine Höhle?

Dringt Wasser in weiches Gestein ein, löst es im Laufe von Tausenden von Jahren das Gestein auf. Risse und Spalten bilden sich, in die das Wasser vordringt. Erste Gänge und kleinere Hohlräume entstehen. Sie erweitern sich mit der Zeit zu Höhlen, die zunächst mit Wasser gefüllt sind. Sucht sich das Wasser neue Wege, bleiben Gänge und Hohlräume zurück.

Höhlen der besonderen Art

Lavahöhlen entstehen, wenn Lava an der Oberfläche schnell erkaltet. Die Lava darunter fließt ab und hinterlässt einen Hohlraum. Auch im Eis können Höhlen entstehen: Gletscherhöhlen bilden sich, wenn Schmelzwasser durch Risse in den Gletscher eindringt und ihn aushöhlt.

Super Fakten

1 *Auf Hawaii*
Die Kazumura Cave ist 65 Kilometer lang und über 1 Kilometer tief. Damit ist sie die **längste und tiefste** natürliche Lavahöhle.

2 *20 Millionen Fledermäuse*
Die **meisten Fledermäuse** leben in der Bracken Cave, einer Höhle in Mexiko.

3 *Die Mammut-Höhle, USA*
Mit über 600 Kilometern ist sie die **längste Höhle der Welt**.

Stalagmiten

Die Riesending-Schachthöhle

Mit 25 Kilometern Länge und 1150 Metern Tiefe ist die Riesending-Schachthöhle die längste und tiefste Höhle Deutschlands. Sie befindet sich in den Alpen. Bei ihrer Entdeckung soll jemand gerufen haben: »Das ist ja ein Riesending!« So kam die Höhle zu ihrem Namen. In ihr gibt es Wasserfälle, Schluchten, Tropfsteine und einen großen See, den man nur mit einem Schlauchboot überqueren kann.

»Du musst **Dreck** und **Kälte** mögen und darfst nicht **zimperlich** sein.«

Sabrina Huber

Ab in die Höhle?

Um herauszufinden, ob die Erkundung von Höhlen auch etwas für dich ist, kannst du Schauhöhlen besuchen und Schnuppertouren durch Höhlen buchen. Immer noch neugierig? Dann kontaktiere Höhlenvereine und informiere dich bei ihnen zum Thema Höhlen. Um Höhlen zu erforschen, musst du nicht studiert haben. Eine Kletter- und Tauchausbildung ist aber in jedem Fall hilfreich.

Im Gespräch mit …

Sabrina Huber, Höhlenforscherin und Höhlentaucherin
Sabrinas Leidenschaft für Höhlen wurde bei einer Schauhöhlentour geweckt. Seit 2012 ist sie regelmäßig in der Mühlbachquellhöhle in Bayern unterwegs. Sie ist auch in der Höhlentauchrettung aktiv.

WAS IST DAS TOLLSTE, WAS DU IN EINER HÖHLE ENTDECKT HAST?

In der Schauhöhle Schulerloch durfte ich einmal in den für Besucher gesperrten Bereich. Dort fiel mir ein kleiner Fleck am Boden auf, der eine andere Farbe hatte. Und darunter lag ein Knochen! Es war der Knochen eines Höhlenbären, der hier gelebt hat, bevor es Menschen gab.

WIE BEREITEST DU DICH VOR?

Wenn ich die Höhle kenne, ist die Grundausrüstung schnell gepackt. Große Touren in andere Höhlen benötigen etwa eine Woche Vorlauf. Ich spreche mich mit meinem Team ab und stelle die Ausrüstung zusammen. Mit Tauchausrüstung wiegen meine Sachen über 40 Kilogramm. Da will ich nichts Unnötiges mitnehmen.

HAST DU SCHON GEFÄHRLICHE SITUATIONEN ERLEBT?

Ja, einmal bin ich beim Tauchen stecken geblieben. Da muss man Ruhe bewahren und überlegen. Wir trainieren solche Situationen regelmäßig. Werkzeug, um uns freizuschneiden, haben wir immer dabei.

Auf einen Blick

Die Kontinente

Kontinente sind große Landmassen. Das Wort bedeutet so viel wie zusammenhängendes Land. Auf der Erde gibt es sieben von ihnen. Du kannst auch Erdteile sagen.

Nordamerika
Die drei größten Länder in Nordamerika sind Kanada, die USA und Mexiko. Kanada ist das zweitgrößte Land der Welt und fast so groß wie ganz Europa.
Größe: ca. 24,9 Millionen Quadratkilometer
Einwohnerzahl: ca. 597 Millionen

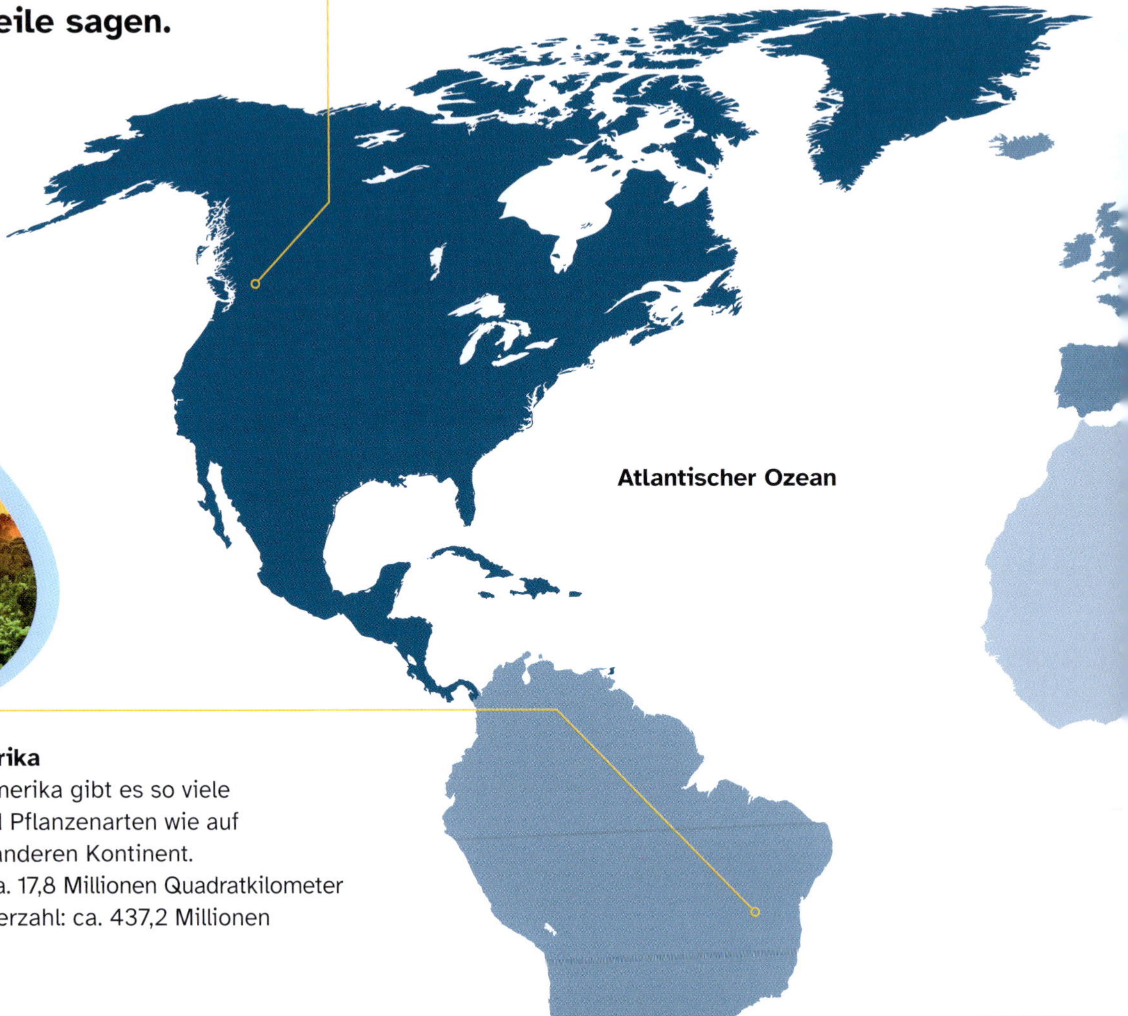

Südamerika
In Südamerika gibt es so viele Tier- und Pflanzenarten wie auf keinem anderen Kontinent.
Größe: ca. 17,8 Millionen Quadratkilometer
Einwohnerzahl: ca. 437,2 Millionen

Antarktis
In der Antarktis leben nur Wissenschaftlerinnen und Wissenschaftler, die in Forschungsstationen arbeiten. Sie halten sich jeweils nur für wenige Monate hier auf.
Größe: ca. 14 Millionen Quadratkilometer
Ständige Einwohnerzahl: 0

Europa
Europa ist der zweitkleinste Kontinent. Das kleinste Land der Welt, Vatikanstadt, liegt hier. Im Osten ist Europa mit Asien verbunden.
Größe: ca. 10,5 Millionen Quadratkilometer
Einwohnerzahl: ca. 749 Millionen

Asien
Asien ist der größte Kontinent. Über 2300 Sprachen werden hier gesprochen.
Größe: ca. 44,6 Millionen Quadratkilometer
Einwohnerzahl: ca. 4,8 Milliarden

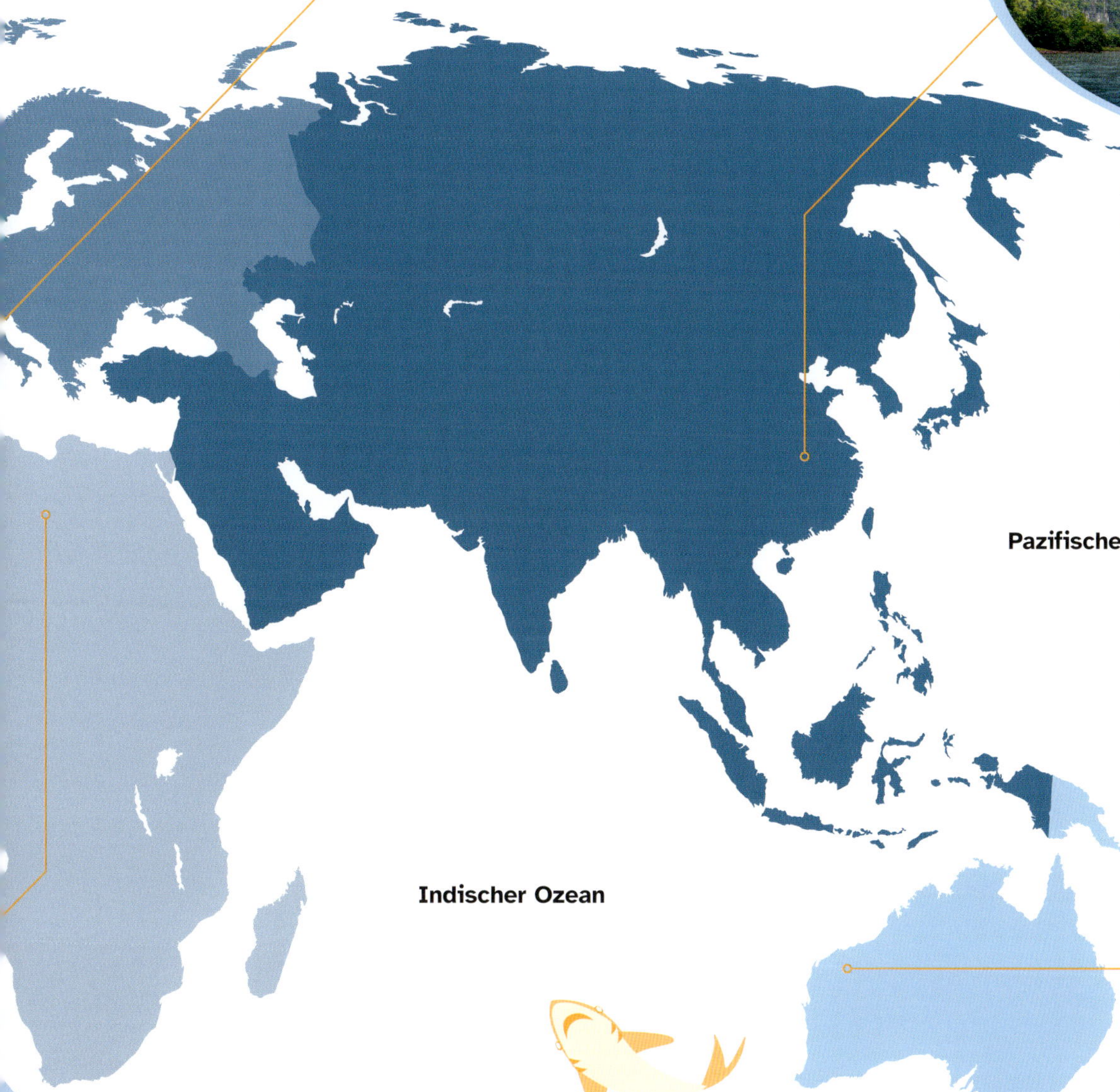

Afrika
Afrika ist der wärmste Kontinent. Die größte Trockenwüste, die Sahara, ist hier zu finden – und der tiefste Fluss der Welt ist der Kongo.
Größe: ca. 30,2 Millionen Quadratkilometer
Einwohnerzahl: ca. 1,4 Milliarden

Australien und Ozeanien
Australien ist der kleinste Kontinent. Es gibt sehr viele Tierarten, die nur hier leben. Das Schnabeltier, der Koala und das Känguru gehören dazu.
Größe: ca. 8,5 Millionen Quadratkilometer
Einwohnerzahl: ca. 43,5 Millionen

Kruste in Stücken

Die Kontinentalplatten

Die Erdkruste ist in sieben große und mehrere kleine Platten zerbrochen. Sie treiben auf dem flüssigen Gestein des Erdmantels und heißen tektonische Platten, Erd- oder Kontinentalplatten. Kontinentalplatten tragen Landmassen und Ozeane.

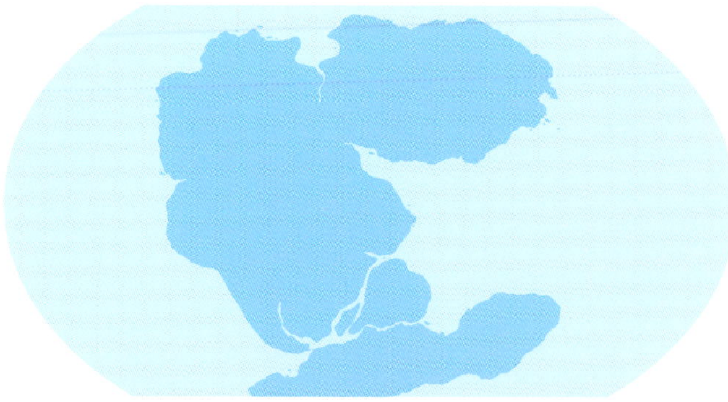

URKONTINENT PANGÄA
Pangäa bedeutet so viel wie gesamte Erde. Forschende vermuten, dass sich in 200 Millionen Jahren alle Kontinente wieder zu einem einzigen vereint haben könnten.

Der Urkontinent Pangäa

Vor 230 Millionen Jahren waren alle Kontinente, die du heute kennst, in Pangäa vereint. Später brach Pangäa in zwei Teile, Laurasia im Norden und Gondwana im Süden. Das passierte aber nicht plötzlich, sondern sehr langsam über Millionen von Jahren. Pangäa und auch die beiden neuen Kontinente wurden von einem gewaltigen Ozean umflossen.

Wie wurden aus zwei viele?

Die Erdplatten bewegten sich immer weiter, und aus zwei großen Platten wurden mehrere kleinere. Sie verteilten sich über die ganze Erdkugel und wurden von Meeren getrennt. Auch heute noch sind die Kontinentalplatten in Bewegung. Sie gleiten aufeinander zu, stoßen zusammen, driften auseinander oder drehen sich ein kleines Stück. Ihre Bewegungen verändern die Erde. Gräben reißen auf und Berge schieben sich langsam in die Höhe.

ZWISCHEN KONTINENTEN TAUCHEN
Die Silfra-Spalte in Island ist entstanden, weil hier die Nordamerikanische und die Eurasische Platte auseinanderdriften. Jedes Jahr entfernen sie sich ein paar Millimeter weiter voneinander.

Das Riesen-Puzzle

Als Pangäa zerbrach, gab es noch keine Menschen auf der Erde. Woher wissen wir also, was damals geschehen ist? Das verdanken wir dem Forscher Alfred Wegener. Vor über 100 Jahren fiel ihm auf, dass die Ostküste von Südamerika genau in die Westküste von Afrika passt. Wie zwei Puzzle-Teile, die zusammengehören. Als er anderen Forschern von seiner Idee von der Bewegung der Kontinente erzählte, lachten sie ihn aus. Heute wissen wir, dass er recht hatte. Auf beiden Kontinenten wurden die gleichen versteinerten Pflanzen und Tiere gefunden. Die Kontinente gehörten also einmal zusammen.

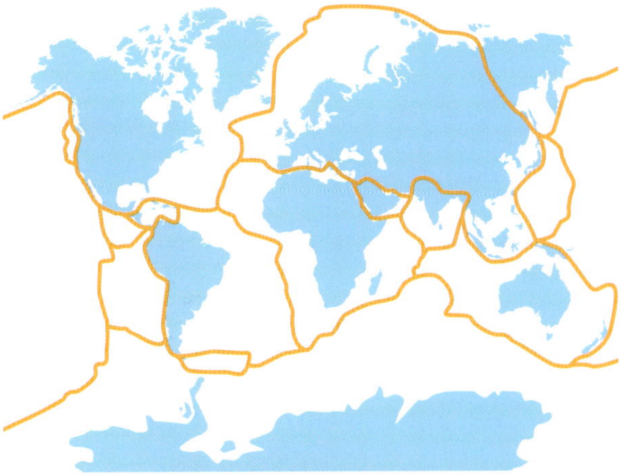

WILDE FORMEN
Die Form der Platten folgt nicht den Umrissen der Kontinente. Viele der kleinen Platten befinden sich komplett unter dem Meer.

Hoch hinaus

Wie Gebirge entstehen

Warst du schon einmal im Gebirge? Viele Menschen lieben die Berge. Sie wandern, klettern oder fahren dort Ski. Die schroffen Hänge und steilen Felswände sehen ganz schön beeindruckend aus, oder?

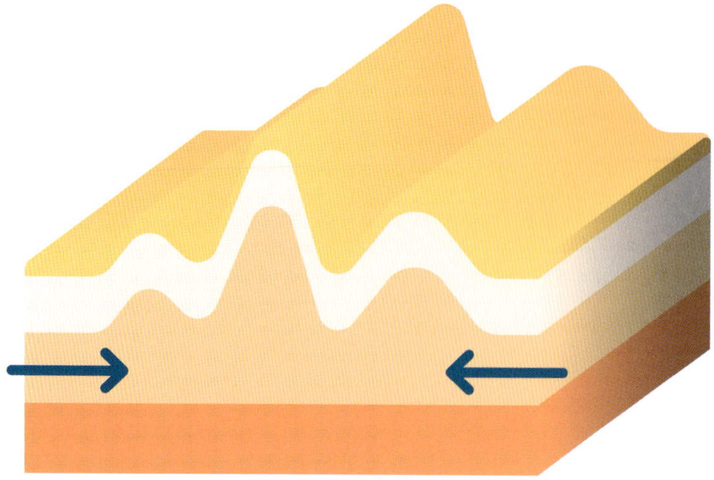

Wie entstehen Gebirge?

Wenn die Kontinentalplatten aneinanderstoßen oder untereinander abtauchen, schieben sich gewaltige Gebirge in die Höhe. Das passiert über sehr lange Zeiträume.

FALTENGEBIRGE SELBST GEMACHT!
Wie Faltengebirge entstehen, kannst du selbst ausprobieren. Du brauchst dafür Knete in verschiedenen Farben. Rolle jede Farbe zu einer Platte aus und lege sie übereinander. Nun schiebst du den Knetblock von den Rändern her zusammen. Was passiert?

Bruchschollen- oder Faltengebirge?

Bruchschollen-Gebirge wie die deutschen Mittelgebirge bilden sich, wenn Stücke der Erdkruste durch großen Druck in die Höhe gehoben werden. Die Umgebung senkt sich dabei ab. Faltengebirge bilden sich durch den Zusammenstoß von Kontinentalplatten. Gewaltige Kräfte schieben die Gesteinsmassen an den Plattengrenzen wie einen Vorhang zusammen. Dort, wo die Indische Platte gegen die Eurasische Platte drückt, wächst die Gebirgskette Himalaja bis heute jedes Jahr um einen Zentimeter in die Höhe. Die Alpen sind ebenfalls ein Faltengebirge.

Wieso schrumpfen Berge?

Gebirge können nicht nur wachsen, sie können auch schrumpfen: Stürme zerren an Gipfeln und an freiliegenden Felsen. Regen und schmelzender Schnee dringen über Spalten in das Gestein ein und waschen es mit der Zeit aus. Gefriert Wasser, dehnt es sich aus. Geschieht das im Berg, kann es passieren, dass das Eis den Stein sprengt. Der Berg bröckelt. Der Klimawandel beschleunigt all das. Bisher dauerhaft gefrorener Fels taut nun auf und bricht auseinander. Felsstürze und Geröll-Lawinen können die Folge sein.

STEINE IM FLUSS
Mit Regen und dem geschmolzenen Schnee aus den Bergen gelangen Geröll und Steine in Flüsse. Dort werden sie immer weiter zerrieben.

HÖHER GEHT'S NICHT
Die höchsten Berge der Welt sind über 8 000 Meter hoch. Sie liegen alle in Asien, die meisten davon im Himalaja-Gebirge.

Alles in Bewegung

Die Erde bebt

Jeden Tag gibt es mehrere Tausend Erdbeben. Von den meisten bekommen wir aber gar nichts mit, denn sie sind sehr schwach. Doch ein paar Mal im Jahr gibt es auch stärkere Beben.

Wie entstehen Erdbeben?

Die tektonischen Platten stoßen aneinander, schieben sich untereinander oder driften auseinander. Weil ihre Ränder nicht glatt sind, verhaken sie sich oft. Dadurch entstehen im Gestein sehr hohe Spannungen. Lösen sich die Platten dann mit einem Ruck, bebt die Erde.

Tödliche Welle

Bebt die Erde unter dem Meer, gerät das Wasser in Bewegung und breitet sich in alle Richtungen aus. Ein Tsunami, eine riesige Flutwelle, kann entstehen. Auf dem offenen Meer sind die Wellen flach, aber je näher sie dem Land kommen, umso höher türmen sie sich auf. Sie können bis zu 40 Meter hoch sein. Das ist etwa so hoch wie ein Wohnhaus mit 16 Stockwerken. Trifft ein Tsunami auf die Küste, brechen die Wellen, und die Wassermassen fluten das Gebiet. Mittlerweile können Tsunamis früh erkannt und Menschen in Sicherheit gebracht werden.

Der »Erdbebensinn«

Erdbeben vorauszusagen ist sehr schwierig. Manche Tiere spüren aber schon kleinste Erschütterungen. Sie können sich dadurch rechtzeitig in Sicherheit bringen. So verließen Erdkröten in Italien plötzlich ihre Teiche und Seen, bevor ein Erdbeben die Stadt L'Aquila zerstörte. In Thailand und Sri Lanka flüchteten Elefanten in höhergelegene Gebiete, bevor ein Tsunami die Küste erreichte.

Die Richterskala

WENIGER ALS 1,0–2,9: MIKRO
Diese Erdbeben sind so leicht, dass du sie nicht spüren kannst. Dass sie stattfinden, wissen wir nur, weil Messgeräte sie aufzeichnen.

3,0–3,9: SEHR LEICHT
Das Beben ist als leichtes Schwingen wahrnehmbar. Schäden gibt es keine.

4,0–4,9: LEICHT
Bei Erdbeben dieser Stärke bewegen sich Gegenstände im Haus. Lampen schwingen, Geschirr klirrt im Schrank. Es kommt zu leichten Schäden.

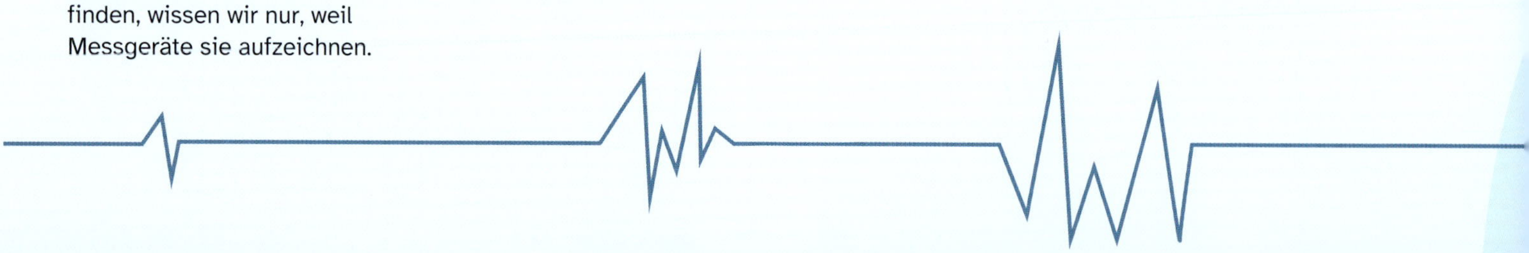

UNBEWOHNBAR
Ein Erdbeben in der Türkei zerstörte dieses Haus. Viele Menschen verloren ihre Wohnung.

Super Fakten

1 Stark
Das stärkste jemals gemessene Erdbeben fand 1960 in Chile statt. Es hatte die **Stärke 9,5** auf der Richterskala. Mit ihr wird die Stärke von Erdbeben gemessen.

2 Schnell
Ein Tsunami rast mit einer Geschwindigkeit von rund **800 km/h** über das Meer. Innerhalb von nur wenigen Stunden kann er einen Ozean überqueren.

3 Lange
Das längste Erdbeben der Welt fand auf der Insel Sumatra in Asien statt und dauerte **32 Jahre**.

5,0 – 5,9:
MITTELSTARK
Diese Erdbeben richten Schäden an Gebäuden an.

6,0 – 6,9:
STARK
Es gibt schwere Zerstörungen in einem Umkreis von bis zu 70 Kilometern.

7,0 – 7,9:
GROSS
Schwere Schäden. Gebäude stürzen ein.

8,0 – 9,9:
SEHR GROSS BIS EXTREM
Erdbeben dieser Stärken richten schwere Zerstörungen in einem Umkreis von 100 bis 1000 Kilometern an.

Feuerberge

Lava, Asche, Gas und Schlamm

Weltweit gibt es rund 1600 aktive Vulkane. Brechen sie aus, schleudern sie Lava und Asche hoch in die Luft. Giftige Gase entweichen aus ihren Schloten und den Rissen im Gestein. Schlamm wälzt sich ihre Berghänge hinab.

Wann bricht ein Vulkan aus?

Vulkane sind eine Art Loch in der Erdkruste. Das flüssige Gestein aus dem Erdinneren, Magma genannt, tritt durch diese Öffnung aus. Meist sammelt es sich lange in riesigen unterirdischen Kammern. Sind sie voll, wird der Druck im Inneren höher und das Magma steigt zur Oberfläche auf. Eine gewaltige Explosion kann die Folge sein. Fließt ein Lavastrom ins Meer, erstarrt das flüssige Gestein. Ist die Menge sehr groß, kann neues Land entstehen.

DER PAZIFISCHE FEUERRING
Die meisten Vulkane liegen am Pazifischen Feuerring. Dort stoßen mehrere Kontinentalplatten aneinander und sorgen für häufige, oft sehr heftige Beben. Die Erde reißt auf und Vulkane brechen aus.

Todbringende **Wolken**

Nicht immer ist Lava das Gefährlichste an einem Vulkanausbruch. Besonders schlimm sind pyroklastische Ströme. Das sind Asche- und Gaswolken, die die Hänge des Vulkans hinabrasen. So auch beim Ausbruch des Pinatubo auf den Philippinen im Jahr 1991. Die Ströme schossen durch die Täler des Berges und flossen 16 Kilometer weit. Mehrere Hundert Menschen starben, aber Zehntausende konnten rechtzeitig in Sicherheit gebracht werden.

Ab jetzt Lava
Magma steigt in einem oder mehreren Schloten nach oben und tritt an der Oberfläche des Vulkans aus. Dann heißt es Lava.

EINIGE VULKANTYPEN

Schichtvulkan
Er ist steil und pyramidenförmig. Schichtvulkane werden auch Stratovulkane genannt und schleudern Asche, Gas und Lavabrocken hoch hinaus.

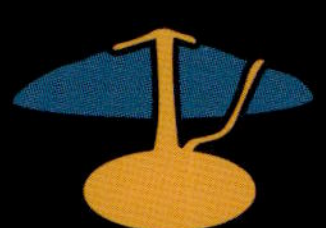

Schildvulkan
Er sieht eher aus wie ein flacher Hügel. Seine Lava ist sehr flüssig und fließt die Hänge hinab.

Spaltenvulkan
Wenn lange Spalten im Boden aufbrechen, spricht man von einem Spaltenvulkan. Es bilden sich große Lavafelder.

Caldera
In der kesselförmigen Caldera sammelt sich die Lava.

Ohne geht's nicht

Wasser auf der Erde

Die Erde hat jede Menge Wasser – zum Glück! Denn: Ohne Wasser gibt es kein Leben. Es ist der Schatz der Erde. Aber das Wasser auf der Erde ist begrenzt. Außerdem ist es nicht gerecht verteilt. Manche Länder sind sehr wasserreich, in anderen herrscht Dürre.

Sag mal ...

Hakim, 8 Jahre

»Warum heißt die Erde Blauer Planet?«

»Rund 70 Prozent der Erde sind mit Wasser bedeckt. Das sieht man besonders gut aus dem All.«

Warum ist Wasser so wichtig?

Der Mensch kann Wochen ohne Nahrung auskommen, aber nur drei Tage ohne Wasser. Unser Körper ist darauf angewiesen, dass wir regelmäßig trinken, denn er besteht zum größten Teil aus Wasser.

Wofür brauchen wir Wasser?

Wir nutzen es auch zum Zähneputzen, zum Hausputz und um Pflanzen zu gießen. Außerdem verbrauchen wir Wasser, das nicht aus dem Wasserhahn kommt. Wir essen zum Beispiel Tomaten, die Wasser zum Wachsen benötigen.

Süß? Salzig?

Weil Meerwasser sehr salzig ist, wird es Salzwasser genannt. Zwar ist im Süßwasser in Flüssen und Seen auch Salz, aber viel weniger. Doch wie kommt Salz überhaupt ins Wasser? Regenwasser löst Salz aus dem Gestein, durch das es fließt. Das Gleiche passiert in Flüssen, über die das Wasser ins Meer gelangt. Wird das Meerwasser von der Sonne erwärmt, verdunstet das Wasser, aber das Salz bleibt im Meer. Außerdem lösen sich Salze aus dem Gestein am Meeresgrund und aus der Lava von Unterwasservulkanen.

DER AMAZONAS
Er fließt unter anderem durch die südamerikanischen Länder Peru, Kolumbien und Brasilien und ist der wasserreichste Fluss der Erde.

Welche Meere gibt es?

Die größten Meere der Welt sind die fünf Ozeane: Pazifischer Ozean, Atlantischer Ozean, Indischer Ozean, Arktischer Ozean, Südlicher Ozean. Der Pazifische Ozean ist der größte und tiefste. Am wärmsten ist das Wasser im Indischen Ozean. Es ist so warm, dass du das ganze Jahr über darin baden kannst. Der kleinste Ozean ist der Arktische Ozean, der auch Nordpolarmeer genannt wird. Neben den Ozeanen gibt es noch etwa 80 Meere, wie zum Beispiel die Nord- und Ostsee.

Und Flüsse und Seen?

Es gibt viel zu viele Flüsse und Seen, um sie alle zu nennen. Die meisten Flüsse sind nicht länger als 100 Kilometer. Als einer der kürzesten gilt der Aril in Italien. Er ist weniger als 200 Meter lang. Hinzu kommen unzählige Bäche. Allein in Deutschland gibt es 15 000 Fließgewässer, also Flüsse und Bäche – und rund 12 000 Seen. Sicher ist auch einer bei dir in der Nähe.

ANS LEBEN IM MEER ANGEPASST
Über besondere Drüsen scheiden Meeresschildkröten das Salz, das sie mit dem Meerwasser aufnehmen, aus. So wird der Salzgehalt in ihrem Körper nicht zu hoch.

Riesige Eisfelder

Die größten Süßwasser-Speicher

Es gibt ungefähr 200 000 Gletscher weltweit. Die meisten davon liegen in Zentralasien. Ihr Gewicht drückt sie ins Tal, die Gletscher wandern. Aber nicht so schnell, dass du das mit bloßem Auge sehen kannst. Die meisten bewegen sich jedes Jahr nur einige Meter.

BLAUER BERG
Eisberge entstehen, wenn große Brocken von einem Gletscher abbrechen und ins Meer stürzen. Der Gletscher kalbt.

Warum sind Gletscher so wichtig?

In Gletschern und im Eis der Pole sind etwa zwei Drittel allen Süßwassers auf der Erdoberfläche gebunden. Der Rest befindet sich in Seen, Flüssen und als Grundwasser unter der Erde. Das Süßwasser der Gletscher fließt über Flüsse oder direkt ins Meer. Dort vermischt es sich mit dem Salzwasser. Als Trinkwasser ist es dann erst mal verloren, denn es lässt sich nicht einfach wieder in Süßwasser zurückverwandeln.

Warum schrumpfen Gletscher?

Hoch oben in den Bergen, wo es kalt ist, kommen immer wieder Schnee und Eis zum Gletscher hinzu. Er wächst. Unten im Tal, wo es wärmer ist, schmilzt er. Mit diesem Schmelzwasser speisen Gletscher Flüsse und Seen. So war es jedenfalls bisher. Weil sich das Klima immer stärker erwärmt, fällt weniger Schnee, sodass die Gletscher weniger wachsen und stärker schmelzen. Inzwischen sind manche Gletscher so geschrumpft, dass sie kaum noch Wasser liefern.

Wo gibt es Gletscher?

In Afrika vermutest du sicherlich keine Gletscher, oder? Doch auch hier gibt es sie, zum Beispiel auf dem Mount Kenya in Kenia und dem Kilimandscharo in Tansania. Mit Ausnahme von Australien sind auf allen Kontinenten Gletscher zu finden. In Europa vor allem in Norwegen, auf Island und in den Alpen. Der größte und längste Gletscher befindet sich in der Antarktis. Der Lambert-Gletscher ist rund 400 Kilometer lang und bis zu 130 Kilometer breit.

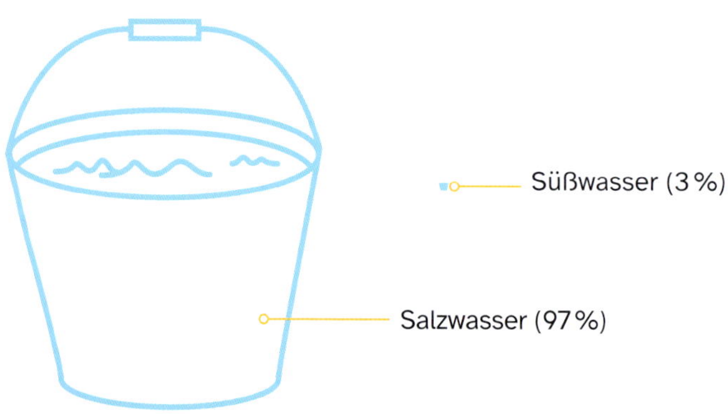

UNGERECHT!
Nur ein kleiner Teil des Wassers auf der Erde ist Süßwasser und weltweit sind die Vorkommen sehr ungleich verteilt. Wassermangel herrscht vor allem in den trockenen Gebieten Afrikas. Zum nächsten Brunnen müssen die Menschen oft sehr weit laufen.

AHA

Die Gletscher schmelzen

Große Eisfelder, die sich von den Bergen Richtung Tal bewegen, heißen Gletscher. Durch die Erderwärmung schmelzen sie stark. Manche werden ganz verschwinden.

Immer im Kreis

1 *Verdunstung*
Erwärmt die Sonne Wasserflächen, den Boden oder Pflanzen, steigt Wasser in Form von Wasserdampf auf: Es verdunstet.

2 *Kondensation*
Auf seinem Weg nach oben kühlt der Wasserdampf in der Luft wieder ab. Das Wasser kondensiert. Das heißt, es wird wieder flüssig.

3 *Niederschlag*
Aus vielen kleinen Wassertröpfchen werden Wolken. Wenn sie zu schwer werden, fällt das Wasser als Regen oder Schnee wieder auf den Boden.

4 *Abfluss*
Das Wasser wird Teil eines Gewässers oder versickert im Boden. Dann beginnt der Wasserkreislauf von vorne.

Der Weg des Wassers

Schaust du manchmal aus dem Fenster und denkst: Schade, schon wieder Regen? Was du da beobachtest, ist Teil des Wasserkreislaufs, ein ziemlich schlaues System der Natur. Was dabei mit dem Wasser passiert, siehst du links.

Kein Tropfen geht verloren

Alles Wasser, das zum Beispiel aus Flüssen und Meeren verdunstet, findet durch den Wasserkreislauf den Weg zurück auf die Erde. Das Wasser, das du heute trinkst, ist also das gleiche Wasser, das schon die Dinosaurier getrunken haben!

Super-Filter

Wasser, das im Boden versickert, läuft durch verschiedene Gesteins- und Sandschichten und wird dabei gereinigt. Schmutzteilchen bleiben wie in einem Sieb zwischen den Steinchen oder Sandkörnchen hängen. Vor Dino-Pipi in deinem Wasser musst du aber keine Angst haben. Dafür hat das Wasser den Kreislauf schon zu oft durchlaufen.

Wasser sparen

Wenn Wasser im Wasserkreislauf nicht verloren geht, warum wird dann oft gesagt, dass du Wasser sparen sollst? Weil es viel Energie kostet, das Wasser, das wir benutzt haben, zu reinigen. Das belastet die Umwelt. Je weniger Wasser wir nutzen, umso weniger muss gereinigt werden.

Sag mal …

Paula, 9 Jahre

»Wie lange dauert der Wasserkreislauf?«

»Je nachdem, wo das Wasser verdunstet und wieder zurück auf den Boden oder in Gewässer kommt, kann der Kreislauf einige Stunden bis zu mehreren Tausend Jahren dauern.«

TIEF IM URWALD
Der Salto Ángel in Venezuela, Südamerika, ist der höchste Wasserfall der Erde. Hier rauschen die Wassermassen fast 1 Kilometer in die Tiefe.

Unsere Atmosphäre

Ein Super-Schutzschild

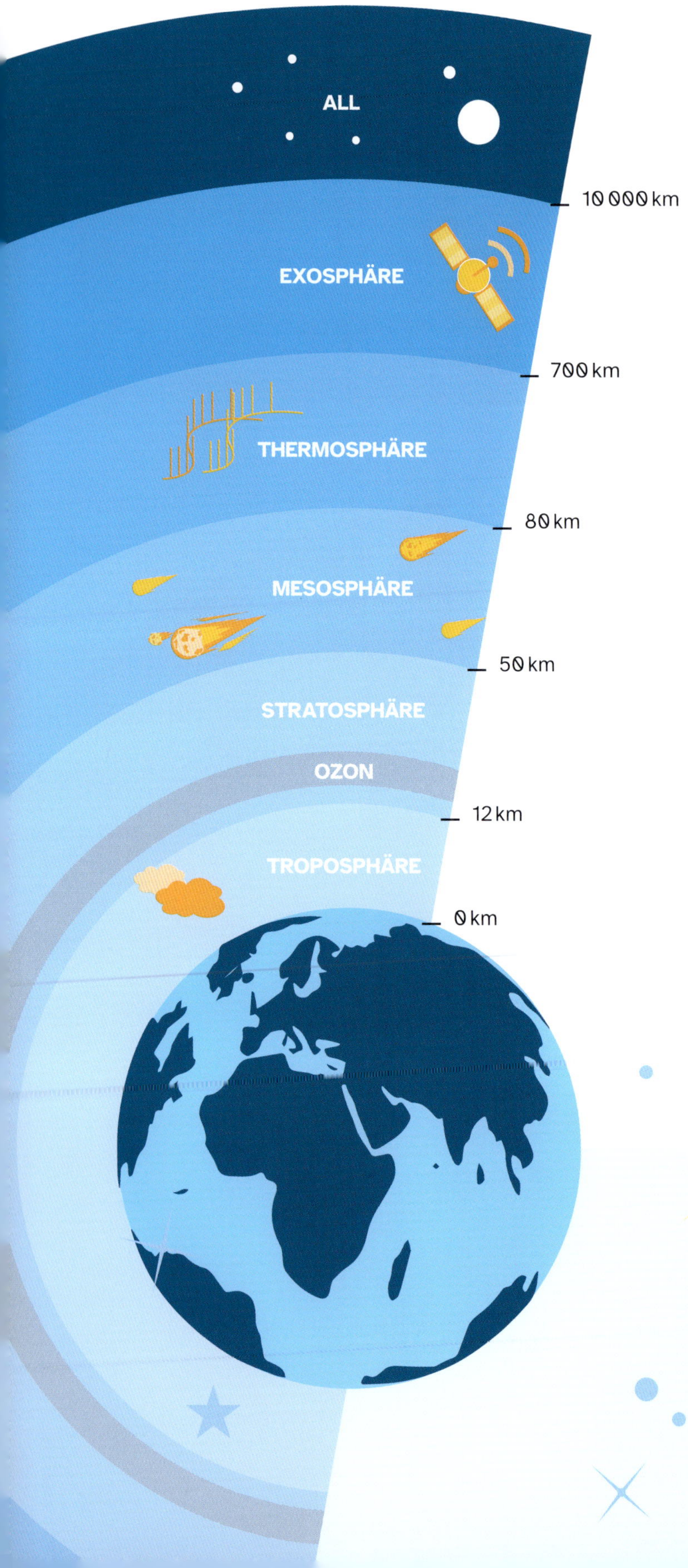

Die Atmosphäre kannst du dir wie eine Hülle um die Erde vorstellen. Sie besteht aus einer Gasmischung, der Luft. Ohne Atmosphäre könnten Lebewesen nicht atmen und es wäre sehr kalt. Und noch etwas Tolles macht die Atmosphäre: Sie schützt unseren Planeten vor schädlicher Strahlung aus dem Weltraum.

Was passiert wo in der Atmosphäre?

Die unterste Schicht der Atmosphäre heißt Troposphäre. In ihr entsteht das Wetter. An die Troposphäre schließt sich die Stratosphäre an. Hier befindet sich die Ozonschicht, die einen Teil schädlicher Sonnenstrahlung abblockt. Darauf folgt die Mesosphäre. Darin verglühen Gesteinsbrocken aus dem All, die sonst auf die Erde stürzen würden. In der Thermosphäre entstehen Polarlichter. Das sind Leuchterscheinungen, die durch Teilchen aus der Sonne entstehen. Darauf folgt die äußerste Schicht, die Exosphäre. In dieser Höhe kreisen Satelliten. Die Exosphäre geht ins Weltall über.

LUFT IN SCHICHTEN
Die Luftschichten der Atmosphäre sind nicht scharf voneinander abgetrennt, sondern gehen ineinander über.

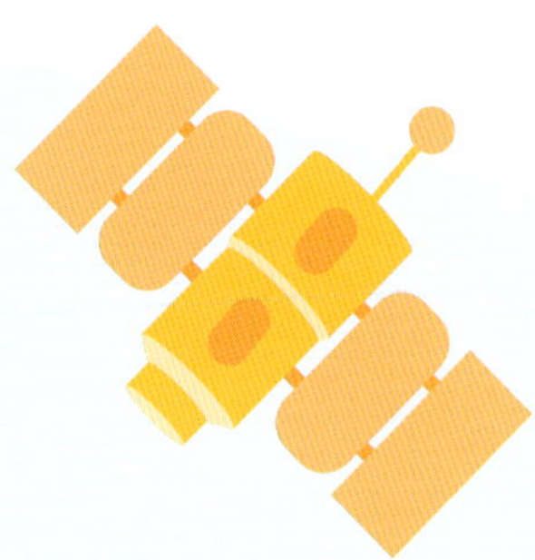

DIE ERDE VON OBEN
Kannst du die Atmosphäre erkennen? Auf diesem Bild, das aus dem Weltraum aufgenommen wurde, sieht sie aus wie ein zartes, blaues Band, das sich um den Planeten legt.

Die Atmosphäre als Treibhaus

Die Gashülle funktioniert wie ein Wärmespeicher. Die Erde wird von der Sonne erwärmt, und die Treibhausgase der Atmosphäre, wie zum Beispiel Kohlenstoffdioxid, Methan und Ozon, sorgen dafür, dass diese Wärme nicht wieder komplett ins Weltall entweicht. Das kannst du dir ähnlich wie in einem Treib- oder Gewächshaus vorstellen. Drinnen ist es bei Sonnenschein wärmer als draußen. Aufgrund dieses natürlichen Treibhauseffekts herrschen auf der Erde Temperaturen, die Leben ermöglichen. Es gibt aber auch den menschengemachten Treibhauseffekt: Je mehr Treibhausgase wir zum Beispiel durch das Verbrennen von Kohle freisetzen, desto weniger Wärme kann entweichen. Die Erde erwärmt sich immer stärker.

Warum fliegt die Lufthülle nicht weg?

Die Schwerkraft der Erde hält die Atmosphäre fest, genauso wie sie dich am Boden hält. Nur sehr schnelle Luftteilchen schaffen es, der Erdanziehung zu entkommen. Wie Raketen müssen sie mehrere Kilometer pro Sekunde zurücklegen, um ins Weltall zu gelangen.

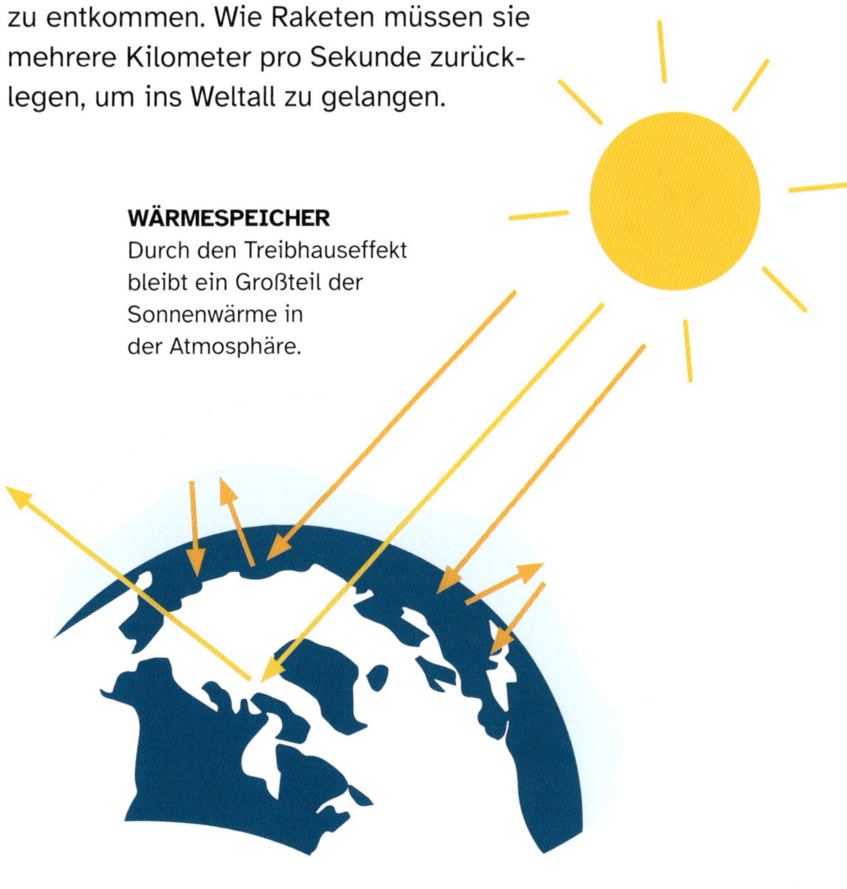

WÄRMESPEICHER
Durch den Treibhauseffekt bleibt ein Großteil der Sonnenwärme in der Atmosphäre.

Tornados gehören zu den schnellsten Winden der Welt. Sie können über 500 Kilometer pro Stunde schnell werden!

Tobende Tornados

Touchdown!
Der Rüssel berührt den Boden.
Jetzt wird's gefährlich!

GEFÄHRLICHE LUFTWIRBEL

Tornados bilden sich in Gewittern. Hat der Rüssel Bodenkontakt, entfaltet der Tornado seine zerstörerische Kraft: Er reißt Straßen auf, deckt Dächer ab und schleudert Autos in die Luft. Wie in einem Staubsauger werden Gegenstände angesaugt und mit dem Luftwirbel in die Höhe getragen. Schutt und Staub kreisen in hohem Tempo im Trichter. So schnell, wie er gekommen ist, löst er sich oft auch wieder auf.

Blitz und Donner

→ ***Super-Gewitter***
Das stärkste Gewitter aller Zeiten dauerte elf Stunden. Normalerweise ist ein Gewitter nach maximal zwei Stunden vorbei.

→ ***Riesig!***
Gewitterwolken können mehrere Tausend Meter hoch werden.

→ ***Wassermassen***
Eine große Gewitterwolke kann bis zu 100 Millionen Tonnen Wasser enthalten.

GANZ SCHÖN HÄUFIG
Jeden Tag gibt es auf der Welt 10 – 30 Millionen Blitze.

Was für ein Wetter!

Das Wetter ist jeden Tag neu. Es verändert sich ständig. Auf Sonne folgt Regen, aus einem Lüftchen wird ein Sturm, und nach der Eiseskälte wird es wieder warm.

NACH DEM REGEN
Das Schlimmste ist vorbei. Der Regen zieht ab. Am Himmel leuchtet ein doppelter Regenbogen. Regenbögen entstehen, wenn Sonnenlicht auf Regentropfen trifft.

Wo entsteht das Wetter?

In der Troposphäre befindet sich fast alles Wasser der Atmosphäre. Deshalb entsteht hier unser Wetter: Warme Luft steigt vom Boden auf und kühlt sich in höheren Luftschichten wieder ab. Dieser Wasserdampf bildet Wolken. Sie treiben mit dem Wind und regnen, wenn sie kein Wasser mehr aufnehmen können, an anderen Orten wieder ab.

Was ist Extremwetter?

Manchmal spielt das Wetter verrückt: Dann hagelt es im Sommer oder im Gebirge ist es heiß. Oder es gibt heftige Regenfälle. Auf der Insel La Réunion im Indischen Ozean fielen in 24 Stunden fast 2 000 Liter Regen pro Quadratmeter! In Deutschland sind es das ganze Jahr über nur rund 670 Liter pro Quadratmeter. Solche Ereignisse, wie auch schwere Stürme und heftige Gewitter, nehmen aufgrund des Klimawandels zu.

Sag mal …

Ada, 10 Jahre
»Was ist Wetter?«

»Wetter ist das, was gerade in der Troposphäre los ist. Du kannst es beobachten: Bewölkung, Niederschlag, Temperatur, Sicht und Wind.«

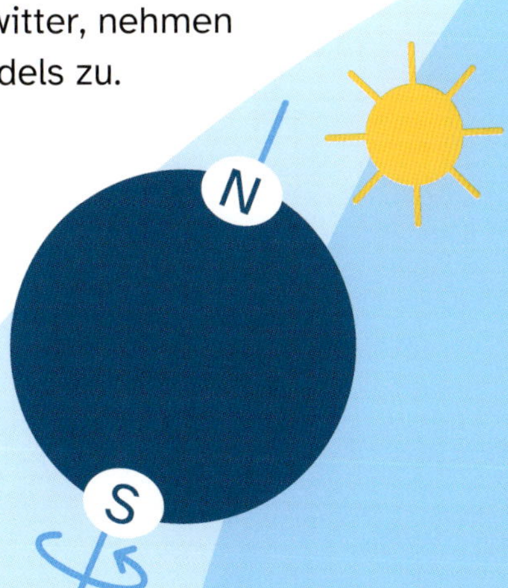

Erdneigung und Jahreszeiten

Die Erde steht nicht aufrecht zur Sonne, sondern ist geneigt. Die Jahreszeiten entstehen durch diese Neigung der Erdachse, da die Sonnenstrahlen unterschiedlich auf die Erde treffen. In dem Bereich, der sich zur Sonne neigt, ist Sommer. Im abgewandten Teil herrscht Winter.

Klima im Wandel

Warum ändert es sich?

Alle reden über das Klima und den Klimawandel. Kein Wunder, denn die Klimaveränderungen lassen sich inzwischen nicht mehr nur messen. Wir können sie selbst beobachten und spüren, zum Beispiel, wenn es mitten im April schon so heiß ist wie im Sommer.

DÜRRE
Regnet es lange Zeit nicht, gibt es weniger Wasser in den Flüssen, und der Boden trocknet aus.

Der natürliche Klimawandel

Seit der Entstehung der Erde hat sich das Klima mehrmals stark geändert. Zu Beginn war es oft extrem heiß und trocken. Später gab es auch Eiszeitalter. Das sind Zeitabschnitte, in denen die Pole mit Eis bedeckt sind. Heute sind die Pole doch auch mit Eis bedeckt, denkst du nun sicherlich. Stimmt. Wir leben nämlich in einem Eiszeitalter. Innerhalb eines Eiszeitalters gibt es Warm- und Kaltzeiten. Und wir leben in einer solchen Warmzeit.

GRÜNDE FÜR KLIMAVERÄNDERUNGEN

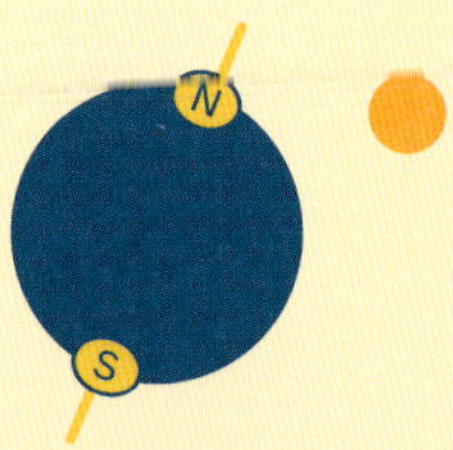

DER NEIGUNGSWINKEL
Die Neigung der Erdachse schwankt im Laufe von vielen Tausend Jahren. Zum Ende einer Eiszeit war sie immer besonders groß.

DIE UMLAUFBAHN
Auch die Bahn der Erde um die Sonne ist nicht immer gleich. Dadurch verändert sich die Sonneneinstrahlung und mit ihr die Temperaturen.

VULKANAUSBRÜCHE
Vulkanausbrüche und die Wanderung der Kontinente vor Millionen von Jahren haben ebenfalls das Klima verändert.

DIE MENSCHEN
Der derzeitige Klimawandel ist von Menschen gemacht. Seit Beginn der Industrialisierung im 18. und 19. Jahrhundert ist die Menge von Treibhausgasen in der Atmosphäre sehr stark gestiegen. Die Folge: Es wird immer wärmer, und damit nimmt die Unwettergefahr zu.

Der menschengemachte Klimawandel

In der Erdatmosphäre sind so viele Treibhausgase wie nie zuvor: Kohle wird verbrannt, um Strom zu erzeugen. Erdöl steckt in Kraftstoff, der viele Autos und Flugzeuge antreibt. Dabei werden Treibhausgase ausgestoßen, vor allem Kohlenstoffdioxid. So gelangt immer mehr davon in die Atmosphäre. Ein weiteres Problem ist die Massentierhaltung. Rinder stoßen das Treibhausgas Methan aus. All das trägt zum menschengemachten Treibhauseffekt bei und führt zum Klimawandel.

Wie war das Klima früher?

Aus Eisbohrkernen und den Jahresringen von Bäumen können Forschende Klima-Informationen gewinnen. Auch Gesteinsarten geben ihnen Auskunft über das Klima früherer Zeiten. Außerdem sehen sie sich Höhlenmalereien und schriftliche Aufzeichnungen von Menschen an. Dort ist dann zum Beispiel zu sehen, was auf dem Feld wuchs. Aus diesen Informationen lässt sich das Klima ableiten.

> ***»Wir stecken mitten im Klimawandel.«***
>
> **Prof. Dr. Mojib Latif,** Klimaforscher

ES REICHT!
Auf der ganzen Welt demonstrieren junge Menschen und fordern die Regierungen dazu auf, den Ausstoß von Treibhausgasen zu begrenzen.

AHA

Sinkende Stadt

In New York City, USA, stehen etwa eine Million Gebäude. Expertinnen und Experten schätzen, dass sie zusammen mehr als 750 Millionen Tonnen wiegen. Besonders die Wolkenkratzer im Stadtteil Manhattan drücken mit ihrem Gewicht auf den Boden. Die Folge: Jedes Jahr sinkt er um 1–2 Millimeter ab, während der Meeresspiegel steigt.

Gegen die Natur?

Wie der Mensch die Erde verändert

Inzwischen leben etwa acht Milliarden Menschen auf der Erde. Das sind dreimal so viele wie noch im Jahr 1950. Sie alle brauchen Wohnraum, Nahrung, Kleidung und Zugang zu sauberem Wasser. Häuser und Staudämme werden gebaut, Felder angelegt und Fabriken errichtet. Die Flächen dafür stammen aus der Natur.

STADT UNTER!
Bei Sturmfluten tritt die Elbe in Hamburg über die Ufer. Flussnahe Straßen werden überspült.

Stadt vernichtet Boden

In Europa leben inzwischen fast drei Viertel aller Menschen in Städten. Dort ist der Boden mit Gebäuden und Straßen versiegelt. Bei Starkregen kann das Wasser nicht versickern, und es kommt zu Überschwemmungen. Durch die schweren Gebäude wird der Boden stark verdichtet, also zusammengepresst. Wichtige Bodenlebewesen wie Regenwürmer gibt es darin kaum, denn es gibt nur wenig Platz für Wasser und Luft.

Der Fluss nimmt sich seinen Raum

Und nicht nur an Land verändert der Mensch die Erde. Werden Flüsse begradigt oder ausgebaggert, damit auch große Schiffe darauf fahren können, fließt das Wasser schneller. Bei Hochwasser tritt es über die Ufer und sucht sich neue Wege. Hochwasser kann durch Starkregen, Schmelzwasser aus den Bergen, Dammbrüche und Sturmfluten entstehen.

Schutz vor Hochwasser

Dort, wo Flüsse regelmäßig über die Ufer treten, wurden Deiche und Dämme gebaut. Sie sollen das Wasser von bewohnten Regionen fernhalten. Viele Städte an den Küsten besitzen auch Fluttore. Sie werden bei Hochwassergefahr geschlossen und sperren das Wasser aus der Stadt aus. Wo es möglich ist, werden Überschwemmungsgebiete geschaffen, in die sich das Wasser ausbreiten kann. Flüsse werden renaturiert, das heißt, in einen möglichst naturnahen Zustand zurückversetzt.

Ausgestorben oder gerettet?

Wie Naturschutz das Überleben sichern kann

Forschende gehen davon aus, dass es derzeit etwa 15 Millionen Tier-, Pflanzen- und Pilzarten gibt. Einige Expertinnen und Experten schätzen, dass es noch viel mehr geben könnte – bis zu 100 Millionen Arten! Manche von ihnen sterben jedoch aus, bevor sie überhaupt entdeckt werden.

Schützt die Natur!

Sterben Arten aus, verschwinden sie für immer, und das Gleichgewicht der Natur gerät durcheinander. Gibt es bestimmte Pflanzen nicht mehr, sterben Insekten aus, weil sie keine Nahrung mehr finden. Danach sterben Vögel aus, die sich von diesen Insekten ernähren. Schützen wir die Natur und damit unterschiedliche Lebensräume, sichern wir auch das Überleben der Arten.

Genau richtig

Für Tiere und Pflanzen ist ihr Lebensraum nämlich sehr wichtig. Sie sind daran angepasst. Akazien in der Sahara bilden zum Beispiel lange Wurzeln, um an Wasser zu kommen. Polarfüchse haben ein dichtes Fell gegen die Kälte, Kamele haben Schwielen an den Füßen gegen die Wüstenhitze. Verändert sich ihr Lebensraum, können sie sich oft nicht schnell genug an neue Gegebenheiten anpassen, um zu überleben.

Nur hier zu Hause

Außerdem gibt es Arten, die nur in einem einzigen Gebiet auf der Erde vorkommen. Diese sogenannten endemischen Arten sind besonders bedroht. Stirbt eine aus, ist sie für die ganze Welt verloren. Auf Madagaskar zum Beispiel, einem Inselstaat in Ostafrika, sind die meisten Pflanzen und Tiere endemisch. In solchen Regionen ist Umwelt- und Naturschutz besonders wichtig.

DER POLARFUCHS
Zwischenzeitlich galt er als bedrohte Tierart. Die Bestände haben sich erholt, doch der Klimawandel macht dem Polarbewohner zu schaffen.

Super Fakten

❶ *Mehr Schutz!*
Bis zum Jahr 2030 soll ein Drittel der Landes- und Meeresfläche der Erde unter Schutz gestellt werden, um das **Artensterben** aufzuhalten.

❷ *Mehr Arten!*
Indonesien ist das **artenreichste Land der Welt**. Ein Drittel der Arten dort ist endemisch.

❸ *Mehr Nationalpark!*
Der Nordost-Grönland-Nationalpark ist der **größte** und **nördlichste Nationalpark der Welt**. Fast die Hälfte Grönlands ist als Schutzgebiet ausgewiesen.

DER BONOBO
Bonobos leben nur im Kongo und sind vom Aussterben bedroht. Sie sind sehr friedliebend und besonders nah mit dem Menschen verwandt.

Neue Arten

Große Teile der Erde sind nur wenig besiedelt oder schwer zugänglich, so wie der Regenwald und die Tiefsee. Dort können neue Pflanzen und Tiere lange unentdeckt bleiben. Auch ihr Verschwinden kann erst einmal nicht auffallen. So kommt es, dass manchmal Arten wieder auftauchen, die man schon für ausgestorben hielt. Wiederentdeckt wurden zum Beispiel der Quastenflosser und das Chaco-Pekari.

DAS CHACO-PEKARI
Die Art ist stark gefährdet. Ihr Lebensraum schrumpft, und weil das Fleisch der Tiere schmeckt, werden sie trotz Verboten gejagt.

Wer hat dieses Buch geschrieben?

»Zu Hause im Flur hing eine große Schulweltkarte. Da saß ich oft davor!«

UNSERE AUTORIN
Sie liebt ihre Arbeit. Vor allem mag sie daran, dass sie jeden Tag etwas Neues dazulernt.

Im Gespräch mit ...

Karolin Küntzel, Autorin
Sie ist eine leidenschaftliche Leserin und Schreiberin. Ohne Buch, Papier und Stift ist sie nie unterwegs. Seit 2008 veröffentlicht sie Sachbücher – vor allem für Kinder.

WAS INTERESSIERT DICH AUF DER ERDE AM MEISTEN?

Die Vielfalt. Es gibt eine unglaubliche Fülle an Lebewesen, Pflanzen und Naturräumen. Jeden Tag gibt es etwas Neues zu entdecken und zu lernen. Wie konnte solch eine Vielfalt entstehen? Und wie kann sie erhalten werden? Ich bin fasziniert davon, wie komplex und klug das System Erde ist und wie alles zusammenwirkt.

WOHIN MÖCHTEST DU GERNE EINMAL REISEN?

Ich würde gerne einmal in die Mongolei reisen. Ich stelle mir die Weiten der Steppen und die unberührte Natur wunderbar vor. Ich wollte auch schon immer mal in die Wüste, zum Beispiel in die Wüste Gobi. Die riesigen Dünen und das Licht dort sind sicher atemberaubend. Überhaupt interessieren mich eher Länder, in die nicht so viele Menschen reisen und die viel Natur zu bieten haben. Island, Grönland, die Färöer-Inseln und Bhutan finde ich deshalb auch reizvoll.

Bildquellennachweis:
AdobeStock: 45 ml (Natascha); **Getty Images:** Inh.-Verz.ul (Westend61), 2–3 (Istvan Kadar Photography), 17 ur (Handout), 22 or (bortonia), 25 r (Martin Steinthaler), 35 mr (FabioFilzi), 43 u (Westend61); **Groth, Klaus:** 16, 18–19, 19 om; **Nature Picture Library:** 22–23ur (Alex Mustard), 47 or (Anup Shah); **Nettel, Franziska:** 48 ul; **picture alliance:** 47 um (Chaco-Pekari: ZSSD); **Shutterstock:** Inh.-Verz.om (NicoElNino), Inh.-Verz.m (Echse: Aref Barahuie), Inh.-Verz.r (Teo Tarras), 4 (NicoElNino), 5 or (Damsea), 6–7m (Weltkarte: Sidhe), 6–7u (Antarktis: Vector Image Plus), 6 ur (Rentier: Paulina Wietrzy-Pelka), 7 ol (eumates), 7 or (SofieLion), 7 mr (Sergey Uryadnikov), 7 ul (Luke Shelley), 8 ur (Echse: Aref Barahuie), 9 o (Diego Grandi), 10–11 (Adis Resic), 13 u (AlexLMX), 14 (VanderWolf Images), 15 ul (RHJPhtotos), 20–21m (Weltkarte: Sidhe), 20–21u (Antarktis: Vector Image Plus), 20 or (i viewfinder), 20 ml (streetflash), 20 ul (Steve Allen), 20 ur (takayuki), 21 om (StevanZZ), 21 or (Asien: fuyu liu), 21 ur (Earth And More), 23 or (Kolonko), 24 u (soft_light), 27 or (twintyre), 28–29 (beboy), 30 u (saber photography), 31 or (worldclassphoto), 32 or (Peter Rise), 33 (Izak van Niekerk), 34 m (Anna L. e Marina Durante), 37 o (leeborn), 38–39 (Minerva Studio), 40 (solarseven), 41 or (S.Borisov), 42 or (Piyaset), 44 (mervas), 46–47um (Jennifersal), 48 Hg. (Cat Downie)

Vorsatz: Shutterstock: (Michal Balada)

Umschlagfotos: AdobeStock: U1 (1xpert), **Getty:** U4 (Ratnakorn Piyasirisorost)

Zitatquelle:
43 mr (Prof. Dr. Mojib Latif in »klassisch modern – Das Magazin der Klassik Stiftung Weimar«, Ausgabe 2021, S. 23)

Gestaltung: Tessloff Verlag
Lektorat: Lisa Herden
Grafik: Tobias Laxy, Daniel Holy
Bildredaktion: Julia Kitzig, Die Bildbeschaffer GmbH
Drucker: Livonia Print

Burgschmietstraße 2–4, 90419 Nürnberg

qualitaet@tessloff.com
www.tessloff.com

ISBN 978-3-7886-7711-4

✓ **Hab ich schon.** ✗ **Brauch ich noch!**